安身

上班族 40 則安身立命指引

禪

聖 嚴 法 師

法鼓文化編輯部 選編

安身立命好工作

　　很多人不談工作經歷則已，一填履歷表，真是讓人歎為觀止：昨天是業務，今天變總務，今天做網路拍賣，明天又出國打工⋯⋯，一年換十二個老闆在現代社會，不再是新鮮事！為什麼要不停換工作呢？下一個工作會更好嗎？

　　失業率看似一直居高不下，但是卻發現，企業找不到合適的人，而求職者也找不到合適的工作。找不到人才的「人才荒」與找不到工作的「人才慌」，變成現代社會的怪現象。與其說找不到好工作，不如說不知道自己適合做什麼，很多人面對工作非常茫然，好像做什麼都可以，卻

又非興趣所在。

上班族無法安定工作的主因，首先是找不到自己的人生方向，想透過換工作找到自己的興趣，其次是社會大環境的變化無常，讓人只好跟著變換工作跑道，也有的人是因與同事不合，而無容身之處。本書針對這些常見問題，將聖嚴法師著作中的精彩開示彙編成書，量身為不同上班族群的職場處境，包括社會新鮮人、年輕創業、中年轉業、中年失業……，提供安身立命之道，並分享與同事和諧相處的方法。

工作與其聽天由命，不如隨順因緣、掌握因緣、創造因緣，開創自己的道路。我們所從事的是不是好工作，決定權不在老闆、主管，也不在朋友的評價、家人的期待，重點在於自己覺得值不值得投入全生命。你會發現，原來自己正在做的工作，就是最好的工作！

——法鼓文化編輯部

目錄

馬上體驗 | # 走路禪

練習前的小叮嚀

1. 生活緊張、工作忙碌的現代人，連走路也變得很匆忙。如果我們能善用走路的時間，即使只走短短幾步路，也是安定身心、調節情緒的好時機。因此，特別設計了「走路禪」，讓大家在閱讀本書前，先體驗用禪法來走路，自然能走出輕鬆與自在。

2. 我們每天都在走路，只要注意環境是否安全，避免走在危險的地方，就可活用走路禪，讓走路成為心靈的減壓法。

❋ 走路的要領

走路時，不必特別加快速度，也不需刻意放慢，就像平常走路，自自然然地走；只要把心安放在走路的動作和感覺即可，不用管任何的想法。

走路時，將腳輕輕舉起、放下，無論是長程或短程的距離，步伐不要忽快忽慢、忽大忽小，盡量保持每一步的距離與速度都是相同的，同時也不要想還有多遠、還要多久……，就是一步一步地走，清楚感受自己正在走的這一步，體驗「只走一步」，這一步，就是當下全部的生命。

如果時間很急迫，必須快步走路，例如，趕著進辦公室或赴約，動作可以加快，但是心不能著急。走路只是為了享受走路，不要分心去想目的地。一旦發現自己想要趕快到達目的地時，

要把急躁的心放下，重新回到走路的動作和感覺，讓注意力雖然放在「快」的動作上，心裡仍保持安定。就如同田徑選手在練習跑步時，動作是快的，但是心裡不著急。

❉ 走路的步驟

走路時，全身從頭到腳的每個部位，盡量放鬆，眼睛不要用力，知道周遭的環境狀況即可，面帶喜悅的微笑。

重心放在腳上，放鬆身體，放鬆頭腦，行走的過程中，不被內心的想法和外在的環境所影響，心要放在動作和感覺上。例如，在捷運站有很多廣告燈箱和人群，清楚環境，但不在意有哪些廣告和人群，把心回到走路的當下。

「心要放在動作和感覺上」是指知道腳抬起來，知道腳在移動，知道腳穩穩地踩在地上，

知道左腳、右腳移動的感覺，知道雙腳移動時身體重心的變化，知道雙手的擺動、身體的移動，清楚身體各部位肌肉鬆緊變化的感覺。

如果突然冒出一些念頭，不要理會，讓心休息片刻，再把心輕輕地調回注意身體的動作與感覺。

一步一步地走，看似單調，但正因為動作單純，並且不斷重複，只要把注意力放在腳步上，心便很容易安定下來，再遠的路，走起來也會輕鬆自在，沒有負擔。

隨時體驗走路的動作與感覺，既有助於身體健康，又不浪費時間，讓忙碌的心得到休息與緩衝，一舉兩得，何樂而不為呢？

——法鼓山禪修中心 提供

安身

禪

定

A Peaceful
Body

如何找到
人生的方向？

　　「建立生命的方向感」是我所積極提倡的一個觀念，我經常在許多對年輕人演講、談話的場合中，提到這個觀念。

　　其實不一定是年輕人，中年人、老年人也都應該要有方向感。因為中年人若沒有了方向感，很容易面臨「人到中年百事哀」的困境；老年人沒有了方向感，則容易陷入一種末日將至的恐懼當中。

　　因此，在我們的一生當中，一定要不斷提起自己的方向感。有了長遠的生涯規畫，人生才不會茫然無依、誤入歧途。

❀ 生命的目標不能改變

　　所謂生命的方向，其實就是生命的目標；首先要確立主要方向，次要的目標、次要的方向才不會有偏差。主要的目標確立之後，所有次要的目標，都必須在這個方向內進行。工作可以改換，職業可以更易，工作的環境也可以變動，唯一不變的就是要朝這個方向努力。如果我們沒有一個主要的、永遠的大目標，便很容易迷失方向。

　　在實踐的過程中，還必須時時以主要目標，做為修正的準繩。例如說你最大的目標是要為國家社會謀福利，結果因為害了人以後可以得到一筆非法之財，或是做了某件壞事以後，可以擁有很大的權力，這樣的事能做嗎？當然不能做，因為這是違背了你自己所設定的大目標。

❀ 決定目標的方法

那麼，該如何決定我們的目標呢？

要以自己所具備的條件，再加上所處的環境以及時代背景，來決定方向。我們不一定要做一個偉大的或是成功的人物，但必須要能夠培養完美的人格，以及安身立命。其中身心的平安，應該是最重要的目標。

很多人常常誤會方向感的意思，以為方向感就一定要做什麼大事。這樣的決心固然很好，可是環境不一定許可你完成。譬如你想要賺大錢，或是想要成為一個大企業家，這雖然很好，但是錢賺不成的時候，大企業家做不成的時候，也還是要活下去，不能因此失去生命的目標。更何況無論是賺錢，或是成為企業家，都不應該是生命真正的方向。

真正的方向應該是：一生當中不要違背自

己的身心安定、健康、安全和大眾的幸福，這才是人生的大方向。

以我來說，由於我了解自己的能力，也知道我應該做什麼、不應該做什麼，所以我不會迷失方向。如果有人邀我去做其他和我的方向背道而馳的事，就算開出很好的條件，我也不會受到誘惑，因為那不是我的方向。

毅力對方向感的確立則是非常重要，一旦決定了方向以後，就不要再朝三暮四、三心二意。雖然人生的道路有種種的阻礙、困難，但只要我們的方向不變，再怎麼艱難的路，不管是大路還是小路，終究會走出一條自己的路。

——

（選自《找回自己》）

02

CHAPTER

如何選擇
工作出路？

　　失落了自己是現代人的問題，所謂失落，是說自己被環境所迷，亦為時代所迷，也可以說走在時代的十字路口和環境的岔路，不知道哪個方向才是歸處、才是彼岸。

❀ 面對人生的十字路口

　　有人問我：「師父，是誰叫你出家的呢？」

　　我說：「我師父叫我出家的啊！」

　　他又問：「你那時想出家嗎？有沒有後悔過？」

　　我說：「其實我不知道要不要出家，人家

安　身　禪

叫我出家我就出家了，出了家以後，也覺得好像生出來就該出家，所以，我沒有懷疑過是對還是錯，就這樣，便在這條路上一直走了下來。也許我的因緣很好，環境對我的誘惑不多。所以感覺出家很好。」

因為我知道，我大概只能做和尚了，若不做和尚，其他的事我想也不適合我做。

可是很多的人不能夠了解自己，也不知道該選擇怎樣的出路，在一生的生命過程中有許多十字路口橫在前面，常常會不知何去何從。

因此就有如香港黃大仙廟的香火鼎盛、臺灣媽祖廟的人潮洶湧。此外還有很多測字攤及算命仙，他們也都生意興隆，這就是因為有許多人，常常失去方向，不知道怎麼辦，所以，去求神、求籤、問神、測字、算命、要求指點迷津。我們這時代的人，還這麼迷信。那是因

為失去自信心，便不得不以碰運道心態，求助於迷信的行為。

✾ 以禪修培養自信心

能有自知之明的自信心者，相當不容易，如果要達成自知自信的目的，需要有二種方法：1. 是用佛教的觀念來引導我們、指導我們；2. 是要能平衡身心。若對自己有信心，對三寶會有信心；信了三寶對自己就會更認識。所以，佛教的修行方法，就是要我們首先能發現自己的毛病，然後知道自己的優點，便是最基本的方式和作用。

因此，禪的修行的功能，可使我們達到三種目的：1. 身體的健康，2. 心理的平衡，3. 精神的昇華。身心健康之後，便能進入精神健康的領域。所謂精神領域，就是能夠更有智慧、

更客觀；愈能客觀的人，精神生活愈豐富，精神力量愈大。希望諸位能有機會學一學禪的修行和方法。

——

（選自《禪與悟》）

禪一下

盡心盡力做自己能做的，
學自己應該學的，
承擔自己應該承擔的，
盡量地付出，
從中不斷地修正自己，
這就是找回自我最好的方法。

找不到自己？

　　方向就是終身的目標和階段性的目標，現今的政府機關及民間團體，乃至個人，都有近程、中程、遠程的事業計畫、工作計畫，而這些計畫就是步驟和方向。階段性的方向，可以因應時地情況的需要而加以調整和改變，終極的方向，是千萬不能變的，否則，不是在原地兜圈，便會誤入歧途！例如孫中山先生本是醫生，後來成為大政治家，但他都沒有改變大原則和大方向。如果為了賺錢更多，便放棄原有的正當職業，而去經營謀財害命、走私販毒等行業，固然錯誤；就是改變方向，走自己的條

件所不配的道路，也是錯的。

✿ 不要迷失了方向

　　至於將來的方向是什麼？一個是對家庭、對社會，一個是對國家、對民族，還有一個是對整體的世界，其中究竟對何者有深重的責任感？有的人只希望自己能功成名就，光宗耀祖。就佛教徒而言，凡是對眾生有益之事，不管自己站在什麼位置上都會全力以赴。不妨首先考慮自己具備了哪些先天的條件和後天的資源，再考慮如何標定自己的方向。

　　沒有人生方向，要選定人生方向，如果不知選擇方向，便等於迷失了方向，失落了自己；失落了自己的人，就不知道自己的立場在何處，所以，立足點與方向感是相輔相成的。

❀ 大處著眼，小處著手

　　人生好比開車，要往遠處看，要朝大處想，駕車的人若僅盯著車頭前的近處看，車子不但開不快，而且還會危險重重。我們若短視近利，而無遠大的方向，則一生難有大成就了；相反地，如果不從小處著手，近處起步，也會丟了立足點，還能做出什麼事來？所以，需將方向看遠看大，需將手腳把握站穩小處近處，如此才能成大事、立大業、建大功。

——

（選自《禪門》）

> 禪一下
>
> 要有遠大的目標和方向，
> 有了方向和目標，
> 便從近處著手、小處著力、
> 腳踏實地往前跨步出去。

04

CHAPTER

做一行怨一行？

青年朋友乍入職場，年紀輕沒有經過磨鍊，比較缺乏耐心和毅力，在工作中一旦遇到挫折，就可能想要逃避，有這種反應其實是正常的。現在的人和過去不一樣，心不容易定下來，造成流動性高，變動頻繁。所以工作變動性大，是非常普遍而且可以理解的現象。

❁ 不知道做什麼工作最好

當人們不知道做什麼工作最好時，正反映出對自己的不夠了解，因為人生沒有一定的方向，做這樣覺得不好、做那樣也覺得不好，做一

行怨一行，結果沒有一行是稱心如意的。我在美國認識一位年輕人，他平均三個月換一個工作，而且總是會跑來告訴我換工作的事。

他說世界上沒有好工作可以讓他持久做下去，我告訴他：「因為你不是好人，所以沒有好工作給你。」

他反駁說：「我怎麼不是好人？我很忠誠、努力，一個人可以做兩個人的工作，所以不論到哪裡老闆都欺負我，看我很會做事，就把兩份工作給我一個人做，所以我做一做就走人了。」

我告訴他：「為什麼人家只做一份工作，你要做兩份？而且你做一做就走掉了，是既不了解自己，又沒有毅力，當然找不到安身立命的地方。」

✿ 要突破工作關卡

俗話說「家家有本難念的經」，不但有難念的經，而且天天都有經要念。若平常遇到困擾，不知道如何解決，卻又不想辦法，久了就會變成死結，卡在那裡了。可是這裡一旦卡住，到另外一個地方也是會卡住。無論逃到哪裡，因為問題沒有解決，心存逃避，仍然會重蹈覆轍。

———

（選自《工作好修行》）

禪 一 下	安心的要領是少欲知足， 安身的要領是勤勞節儉， 安家的要領是相愛相助， 安業的要領是清淨精進。

下個老闆會更好？

　　在一些職場中，工作人員不斷增加，但同時也有許多人員離職，流動率似乎很高。有時有人剛到一個新的單位沒多久，就感覺不適應，原因不外乎工作量多、不適應新辦公室的風氣文化；但是也有人一做就好幾年，覺得工作非常穩定，勝任愉快。

　　我們的工作狀態最好保持穩定、安定，一方面自己能安安心心地工作，另一方面也能循序漸進地接受公司的專業培養。工作穩定了，自己的身心也能跟著穩定，如果一個人的工作經常變動，是一件很辛苦的事，老是在適應新環境，無

論到哪裡，都會被當作新進人員看待。所以，如果能夠抱持著「既來之，則安之」的心態，才能好好學習成長。

但是有些人就是喜歡工作換來換去。經常換來換去，或許可以多見世面，然而卻不能深入累積專業能力，對自己的工作能力也無法打下深厚的基礎，如此消耗時光非常可惜。

❊ 喜新厭舊與忌新念舊

人通常有兩種習性，一種是喜新厭舊，一種是忌新念舊。喜新厭舊，是喜歡新鮮的人、事、物，討厭舊的東西；忌新念舊，則是指當新的事物發生時，會擔心生活發生變化，所以懷念舊的狀態。這是人之常情，就像家中養的小鳥看到一隻外來陌生的鳥飛過來時，也會緊張、戒備一樣。

我初到美國參與美國佛教會的時候，佛教會的許多元老對我既是歡迎，卻又擔心。歡迎，是希望我給他們一些新的奉獻；擔心，是怕我會玩什麼花樣，所以似乎有一點不安。於是我跟他們說：「你們不要期待我太多，也不必那麼害怕我。我來就是要參與團體、適應團體，但是我有我的成長背景、優缺點與做人做事的原則，因此可能會給大家帶來一些好處，但也可能造成不便。無論好壞，都請你們包涵、接受我的整體，我會盡量配合大家，讓大家滿意。」

❀ 全心全意投入

　　進入新的團體，要能夠入境隨俗，學習、了解與適應這個文化。等到能適應與融入團體時，它就會變成你的團體，而你也就代表這個團體。

人都有習氣，習氣指的是自我的主觀、自我中心、自我的價值觀、自我的自尊心；這些自我最容易傷害人，也最容易被傷害。凡是自我中心非常強、主觀意識非常重的人，煩惱一定多，不但會傷害自己，也會傷害別人。

　　如果能全心全意投入團體服務奉獻，雖然工作可能很忙，卻會忙得很快樂，累得很歡喜，因為這是自己願意做的事。能以這種心態工作，不但身心都愉快，工作品質也會很好。

———

（選自《帶著禪心去上班》）

禪一下｜如果是時時不滿現實的工作環境，
不願全心全力投入於
當下所從事的工作，
就不可能從任何行業的任何工作中，
獲得成功的果實了。

030　031

06

如何得到
老闆的器重？

在日本，有些公司為了考驗新進員工的毅力，會要求他們去打禪七。打坐很苦，會腿痛、背痛，坐著不准動又不准講話，心裡是很不舒服的，如果熬不過就跑掉，這種人當然不能錄用，因為從中可看見他們面對問題時的逃避個性，當然就不錄用。

這樣的磨鍊，考驗的是毅力，而不是體力和智慧。

❀ 成為讓人信任的人

許多公司行號任用新人，都會看新進人員

的經歷，第一個工作做什麼？做多久？第二個
工作的情形如何？如果資歷又短又經常更換，
很可能就不會被錄用，即使任用了，也不敢把
重要的工作交給你，因為你可能隨時會辭職。
老闆不能信任你、重用你，你自己也會覺得工
作上沒有前途。

✿ 鍛鍊自己的毅力

因此，奉勸年輕人：剛開始工作的時候，
不管是什麼工作，一定要耐心磨鍊自己，不要只
是為了輕鬆賺錢，而要鍛鍊自己的毅力。就算老
闆什麼也不教，還是能學到毅力，一段時間之後
再考慮轉換工作，到自己覺得可以發揮長才的地
方去。

在求職的路上，我們一定要有毅力、恆心，
以及長遠心，只要有了這種心理準備，不管哪個

老闆都會器重你，工作必然會穩定。

———
（選自《工作好修行》）

要不斷發願，
願能夠自我成長與自我消融，
以圓融與超越的態度，
做永無止盡的奉獻。
如果建立了這樣的目標，
不論人生是長是短，
都是極有尊嚴的。

安身禪

讓工作做得有意義

　　大多數的人，並不明瞭生活的意義與生命的價值。一般人在小的時候渾渾噩噩；長大之後結婚生子，成家立業；然後孩子長大了，自己退休了，便等待老死。另外有一些人，從小就立志，長大後要當大人物，要賺大把的錢。

　　有些聰明人懂得規畫自己的生涯，他們在有了人生閱歷之後，便確立好將來的生活方向。譬如說五十歲的人，希望未來的十年能夠做些什麼；到了六十歲，如果身體還健康，又為自己規畫另一個十年計畫，但是人生的意義與價值何在，卻仍舊不太清楚。這些人懂得如

何安排自己的生活，卻不曉得生活的意義及生
命的價值在哪裡。

❀ 生命的價值無限

　　生活的意義在於自我的成長，生命的價值
在於與他人分享。生活是個人的成長，生命是個
人與群體、個人與歷史關係的互動。個人的成
長，在於安身立命、培養人格、奠定自己立身處
世的道德規範；生命的分享，在於社會責任及歷
史責任的承擔和延伸。因此，生活的規範有限，
生命的價值無限。

❀ 生活的意義在於心靈的成長

　　生活的意義，不僅是肉體的生存，更在於
心靈的成長。成長的過程起起伏伏，不是金錢數
字所能衡量，有形的物質層面和無形的精神層

面，不一定成正比。當一個人的人格墮落之時，也可能正是他的財富權勢快速增加之時，當一個人的人格昇華之時，他的生命價值就相對提高。

——

（選自《人間世》）

禪一下 | 生命的價值，
並不是由客觀的他人
來評估判斷、確立的，
而是自己負起責任，
完成一生中必須要完成的責任，
同時盡量運用其有限的生命，
做最大的奉獻。

08

年輕人如何
立工作志向？

　　生存於世間，不可能有絕對安全的保護，也不可能有絕對安全的地方，人們若能坦然面對這一事實，接受它、處理它，便能安身，也能安心了。雖然年輕人較少考慮安全保障的問題，而較著重於自我的伸展，可是，盲目而無原則的伸展自我，也會為自己的身心帶來不安。

❀ 青年人要有大志向

　　青年人想要伸展自己的長才，追求美好的未來，這當然是值得鼓勵的一種進取心。在佛教的立場，也鼓勵青年人要有大志向，要有新抱

負，要有勇往直前的求學熱誠與創業精神。例如
《華嚴經》中的善財童子，就是一位標準的佛教
青年，他為了追求自己的理想，不惜千辛萬苦，
遍歷千山萬水，訪問了五十三位大學問家、大宗
教家、大教育家、大政治家、大事業家，乃至各
行各業的專家。

可是，一般人觀念中的大志向，總是脫離
不了名望、財富、權勢、地位，但如果人人都是
如此，就會造成爭奪的不安。追求到了的人，一
方面害怕失去，一方面又希望求得更多，心中還
是不安；追求不到的人，便有失落感而成為游走
於社會邊緣的失意人，他們在正常的社會中無法
獲得肯定，便別走蹊徑，另尋伸展自我的活動方
式了。

我在美國見到許多美國青年，如果遇到學
業、家庭、工作上的瓶頸時，便會暫時擱下一

切，去過一陣子浪遊的生活，當他們在遊歷各地一段時日之後，心情緩和了，便會再回到學校或再找工作。

又例如我在美國遇到不少醫師及律師的兒子，他們並沒有進入大學繼續念書，反而是去從事勞力的工作，不但他們自己不覺得有何不妥，連他們的父母也不覺得有什麼丟臉。因為他們尊重個人的性格及心向，並不強求青年一定要成為什麼樣的人才，不過美國的父母畢竟不像中國父母那樣，不會把自己的希望完全寄託在兒女身上，所以他們的青年便有較大的自我發展空間。

其實，做勞力的工作及勞心的工作，只要能身心安定、健康，又有什麼不可呢？

❂ 給現代青年人的建言

所以，我願給現代青年四點建言：

一、認識自我的能力和興趣，選對自己應該走而又可以走的路。

　　二、安定身心於現實的環境，不但面對它，還要接受它、改善它，然後放下它。

　　三、確定一生的方向，在既定的方向與認知內，步步踏穩，時時向前，儘管經常變換立足點，但千萬不能失落了方向感。職業和執掌可以改變，人生的方向卻不能改變。

　　四、對於名、利、權、勢、位，不必排斥，但卻不能僅是為了名、利、權、勢、位的追求而生活。生活的目的應該是平安快樂，生命的價值應該是自安安人。

———

（選自《平安的人間》）

畢業即失業

　　有句話說：「畢業即失業。」就業問題經常是社會新鮮人最大的困擾。在美國，大學生畢業後找不到工作，會向政府貸款繼續讀書，畢業進入職場後，會從薪水裡逐年扣抵償還貸款；若找不到工作，政府也有完善的失業救濟制度。

　　臺灣目前人浮於事，失業率年年升高，父母親難免會責怪孩子：「別人工作每天早出晚歸，怎麼你整天待在家裡，也不積極地去找工作？」失業的人待在家裡受到奚落，到外頭也要面對他人異樣的眼光。找不到工作令人覺得很痛苦，因而產生自卑。其實不是他們不想找工作，

而是找不到適合的工作。特別是一些受了高等教育的人，因為長期處於家庭、學校這些單純的環境中，出了社會以後，面對種種競爭及複雜的關係，往往無法適應，導致他們不斷地換工作，或是乾脆辭職，終日枯坐家中。

❀ 有工作就先去做做看

有一個大學畢業的男生，已經三年沒有找到工作，他的父母來問我應該如何是好？我告訴他們：「你的孩子身強力壯，可以學做木工、做泥水匠，或是做各式各樣勞力的工作啊！」他的父母不以為然地說：「那怎麼可以，我的兒子是大學畢業的，怎麼可以做工呢？」我說：「你們的觀念錯了。我在美國認識一位律師的兒子，大學畢業後沒有工作，他就去學做木工，不斷深造進修，手藝愈來愈精湛，最後還成為木匠學校的

老師，專門教學生如何做精緻的工藝，不但備受尊敬，收入也不比一般公務員差。」

　　大多數人都希望學以致用，但是我也看到許多人畢業後就改行。有一位畢業生，大學時主修法律，結果卻到郵局上班，我很好奇地問他：「學法律的人不是應該當法官、律師或檢察官嗎？」他回答說：「因為這些執照不容易考取，正好碰到郵政局缺人，而且我一考就考上，所以就去上班了。」像這樣不是也很好嗎？畢業後不要急著精挑細選，有工作就先去做做看，然後一方面留心是不是有其他更適合的工作，再另謀出路。

❀ 隨順因緣的求職觀

　　從佛法的觀點來看，這叫作「隨順因緣」，一切事情都要因緣和合，因緣成熟了，自然能左

右逢源，想要的馬上就會得到；因緣還未成熟之前，即使你碰得頭破血流，還是會到處碰壁，找不到好工作。

──

（選自《工作好修行》）

禪一下	成功的人做事應該是 鍥而不捨、再接再厲， 認準方向， 隨機應變。

10

CHAPTER

好命要靠自己努力

　　凡是人，不論是在夜間和白天，都會做夢。許多人，從小就開始夢想，希望自己將來能成為一個某種榜樣的人物。

✿ 不切實際皆是夢想

　　我曾問一個五歲的小男孩：「你長大後想做什麼？」小孩說：「想做衛兵。」他覺得站在軍事機關門口的衛兵，威風凜凜，很有權威，所以羨慕。當那小男孩升上初中後，我再度問他：「長大後想做什麼？」他改口說：「想做老師。」原因是他的老師在課堂上不僅有權威，也

安　身　禪

很有學問。當他進了高中，他的願望卻是想當一位將軍，因為將軍不但有學問，也擁有權威，對國家更是有大貢獻，還能青史留名。然而兩年前他在大學畢業後，竟然不曉得該做什麼了，考進的大學不是第一志願，出了大學，不知志願為何。顯然他念大學，僅圖一紙文憑，但求畢業，反而忽略了將來該做什麼而需做一通盤計畫。

夢想與現實，有很大的差別，人雖應該有夢想，但僅憑夢想，是不能成功的。

❀ 因緣際會便能成功

一般人所謂的好命，大概是指老天的安排。就佛教的觀點而言：一切都是主觀的條件，並不另有客觀的條件，這是通過過去世，乃至通過過去無量世，來看現實生命中的客觀條件，都是來自過去生中所造的善業和惡業，所培植出來的。

過去生中跟很多的人廣結善緣，現生就有貴人支助，再加上這一生的努力，便得好運的結果；過去生中跟很多的人結仇結怨，此一生中便會遇到逆境折磨。換句話說，命運好壞，不只出於神助天罰，主要是仰賴自身的努力之外，尚須助緣的配合，因緣際會，方有能成功的可能。因緣不能配合，表示時機尚未成熟，不要失望，應當繼續努力。

——

（選自《禪門》）

> **禪一下**
>
> 對自己的行為全心全力、認真負責，是敬業、精進。
> 凡事以「利人便是利己」的觀點來考量，就是樂群、清淨。

走應走的路，
做應做的事

「成功」，必須先將名、利、權、位、勢，摒棄在外，因為那不能做為成功的標準。

真正的成功，應該是每天走應走的路，做應做的事。

很多人的成功，不是靠一己之力就能成就的，社會、時代、家庭等各個因素都須配合。所以，如果努力的方向和時代相應，就會成功；否則，再怎麼努力，名義上並不一定被稱為成功。

但是，只要他沒有做不好的事，也未浪費生命，至少他在毅力上是成功的，其努力的過程也是成功的。

✤ 因緣成熟自然成就

在我過往的人生中，從來沒有為自己訂下什麼目標，像我創辦的法鼓山中華佛學研究所及農禪寺等佛教事業，一切都是因緣到了，便自然成就。

因為我懂事得晚，到十五、六歲才開始了解世事，但並沒有想到要功成名就，只知道佛經很多人看不懂，念經的也只是跟著念。直到進佛學院，老師教的我仍是不懂，當時只有一個心願，要自己懂佛經，也要讓別人懂。

為了訓練文字能力，還曾背著師父偷看《水滸傳》、《紅樓夢》、《西廂記》等古典名著，甚至因此挨揍，但慢慢地，連佛經也看懂了，終於知道當時的人在表達些什麼。

此後，我也開始著手寫佛學方面的作品，盡量把古人語言轉化成現代人的語言。其間著作

已出版數本，均未受到重視，直到一九七五年得到博士學位才獲得肯定。

想想看，如果社會風氣仍停留在二十年前，或者身在大陸，我也不會有今天的成果；不過，如果我沒有努力，那麼社會、時代再怎麼配合，也仍是枉然。

❊ 以努力與否做為成功的標準

再換個角度看，正因為沒有一定目標，我便能做的做，做不到的，表示我能力不足，或因緣不夠，只有再努力，也不會有遺憾。

而此生唯一的遺憾，也許就是未能好好奉養父母。雖然這是時代、環境使然，但我只有用父母所賜的身體，盡量奉獻、努力，以報答父母之恩。

所以，以努力與否做為成功的標準，才能

為社會帶來祥和，雖然競賽是對的，但鬥爭只會帶來災難和痛苦，並不值得鼓勵。

——

（選自《聖嚴法師心靈環保》）

禪一下 | 心中愈來愈安定，
而對於世俗名利權勢等的價值現象，
看得明朗，想得豁達，用得自在，
收放自如之時，
自然而然地不會再把以往所依靠
執著的東西當作安全的保障了。

找到人生的
立足之地

　　「生涯規畫」這個名詞，現在相當流行，不過一般人所說的生涯規畫，都只著重從生到死的這一段過程，僅就個人有限生命來做規畫，對於如何達到生命的究竟圓滿，就不在規畫的範圍之內了。從佛法的角度來看，所謂的生涯還不僅僅是我們這一生，從生到死短暫的過程，而是延續到永恆的、無限無窮的生命過程。

　　而且大部分人的生涯規畫都太偏重外在價值，只是在知識和工作的層面上打轉。正確的生涯規畫應該從內在的反省做起，規畫整個生命的品質，找到人生的平衡點，這才是圓滿的

人生規畫。

　　也就是說，真正的生涯規畫應該包括「有形」和「無形」兩種。有形的是外在的、物質的、生活型態的規畫；無形的則是生命內在的、涵養的成長，也就是我們的人格、人品的成長。把外在的和內在的規畫聯合起來，才是我們這一生的生涯規畫。

❀ 方向感與立足點

　　在談生涯規畫的時候，我也經常提供大家兩個原則，第一要有「方向感」，第二要有「立足點」，立足點與方向感是相輔相成的。一個人如果沒有立足點，就沒有著力處，像是沒有錨的船；如果少了方向感，就像是行船在大海中，沒有指北針指引方向，很容易走入歧途，非常危險。

此外，從懂事開始，我們就應該有生涯規畫。所謂懂事，不是以年齡為準，而是以人的心理和生理成長為標準。也就是說，當我們身心到達成熟的時候，就應該開始為自己的生涯做規畫。

❀ 了解內在才能與外在資源

孔子說：「吾十有五而有志於學，三十而立，四十而不惑，五十而知天命，六十而耳順，七十而從心所欲，不逾矩。」但孔子講這些話的時候，已經是成熟的大思想家了。一般十幾歲的青少年，並不懂得什麼叫生涯，人生的方向也還不清楚，更遑論規畫了。這時候，需要靠父母、學校、社會以及各種傳播媒體，教導青少年為自己的未來做規畫，告訴他們該如何來因應未來的世界。

至於成年的人在做生涯規畫，要了解自己的內在才能，也要了解自己的外在資源。一旦清楚自己的才能傾向，以及外在資源的多寡，就能找到人生的方向，做好生涯的規畫。

　　當然，每個人的體能、智能不同，環境、教育條件不一樣，所以並不是在什麼年齡，就一定得要做什麼，生涯規畫也不一定要跟別人一樣。但是至少一定要有方向感，這樣才會知道自己努力的方向、未來要往哪裡去。

———

（選自《找回自己》）

> **禪一下**
>
> 不可沒有大志願大方向，
> 寧可先從小處著手、近處著力，
> 堅定大方向，站穩立足點，
> 步步邁向大方向，雖不能立即到達，
> 總是有一個大目標，遙遙在望。

生涯規畫可靠嗎？

及早規畫人生方向的觀念，是社會主流，因為學校老師如此說，老師的老師也是如此說，整個社會都習慣這個想法。但是，這種說法也不盡然全對。

就以我的母親來說，她從小就告誡我：「不用做大人物、大事業，能夠平平安安過日子，那就是福氣了。」我也認為，即使很早就規畫人生，但人生並不一定能照著計畫走。我有一位信眾，最近說不想做官了，另有人生規畫。我覺得奇怪，剛開始做官時，應該也想長久為政府奉獻；但才短短數年，個人及環境因

素讓計畫改變了。

　　再如微軟創辦人比爾蓋茲，年紀還很輕就交棒、退休了，想去從事慈善事業，相信比爾蓋茲年輕時並沒有想到微軟會賺大錢，而且年紀輕輕就可以退休，過自己想過的生活。

❀ 善觀因緣不怕變化

　　人的遭遇並不是可以事先預料的。不同的時空背景，往往會產生不同的人生價值，因此「生涯規畫」常常不可靠。比如我年初就會排好全年的行事曆，但往往會因一些變數，必須更改行程及計畫，這些並不是僵硬不變的。佛家所說「隨順因緣、掌握因緣、創造因緣」，就是這個道理。

　　「隨順因緣」是說若因緣出現，可以讓你成長、發展，那就應該隨著因緣去努力完成；這

些事如果有五、六成情況是你可以接受，且有利社會，就應把握機會，放手去做，這就是「掌握因緣」了。

至於「創造因緣」，因緣初始可能是不起眼的小事，但可以用種種資源來培養因緣。比如本來是個小公司，可以藉著因緣而成了大公司，很多的企業家都是如此成長的。

❈ 掌握因緣不放棄

我們無法清楚自己能活到什麼時候，又如何能清楚規畫人生呢？如果只規畫活到六十歲，是不是六十歲以後的人生就不管了？年輕時候有人替我算命，說我大概只能活到六十三歲，但我今年已經七十七歲了。如果我認命地以六十三歲為終點，以後就不再積極做事，那法鼓山這個團體就無法出現了。回頭看，我有幾冊重要著作是

在六十三歲以後才完成的。因為我掌握因緣，不會放棄，所以才能完成許多理想，這是我的經驗，提供給大家參考。

隨順因緣、掌握因緣、創造因緣。

———

（選自《方外看紅塵》）

禪一下

當我們惡運臨頭時，
知其「無常」，
只要加一些努力或迴避的因素，
就能轉變命運；
相反地，如果遇到好的運氣，
也不會過於驕傲興奮而迷失方向。

14
CHAPTER

如何幫自己的人生開路？

要我們的心不變，是不可能的。由於經常在變，所以要經常調整自己的腳步，我們的方向可以不變，但是腳步要調整，進是在變，退也是在變，進和退之間要拿捏得非常準確。如果我想往前走卻走不過去、走不出去，或往後退也沒地方退，那麼不妨就橫跨一步吧！沒有必要因為後面擋住我，前面卡住我，就只有坐以待斃。因此大方向是非常重要，但是並沒有固定不變的立足點。

很多人認為自己的立足點一移動，就彷彿沒有立場了，失去立場可能就沒有生存的餘地

了。其實，只要移動一步就有一條生路，這不是很好嗎？如果枯守一個立足點不變，那大概是死路一條，根本沒有辦法適應社會、環境。

我常常講「步步為營」，就是說我們走出去的每一步都是立足點，每一步都要踩穩，若是踩得不穩，往前走便會失去平衡，會摔倒。雖然可以說每一步都是立足點，但是也沒有一個固定不變的立足點。

❀ 無常是活路

隨時變是正當的，無常就是變動的意思。無常實際上是一條活路。很多人認為無常是悲哀的事，是一樁無可奈何的事，「世事無常」就表示沒有希望了，沒有著力點了，這是錯的。從禪的方法、觀念來講，無常恰恰好是一條生路，能夠有進有退、左右移動，活在現在。

有一個「畫地為牢」的故事，一個人給自己畫了一個圈，聲稱那是他的範圍，不准別人進來，他認為這樣自己就安全了。結果人家沒有綑他，他倒先把自己綑起來了；人家還沒有攻擊他，他就已經失去了活動的餘地了。

❀ 一切都在變化

　　其實生路很多，為什麼要把自己綑起來呢？一旦把自己綑起來，就沒有彈性。所以說，希望永遠擁有、保留，或是希望自己有一個範圍，這都是愚癡。以無常為常，那是凡夫的執著，那會為自己製造困擾；如果知道無常，就會發現處處有活路。

　　就因為無常，所以一切現象隨時隨地可以變更。事實上，環境在變，自己也在變，任何情況都在瞬息變化之中；我們應當掌握無常的事

實，適應無常的現象。

———

（選自《動靜皆自在》）

| 禪一下 | 要用堅定的願力安心，
當以健康的生活安身，
營造和樂的天倫安家，
培養敬業的精神安業。 |

今天的自己超越昨天的自己

　　看過許多企業界的鉅子，創業的時候轟轟烈烈，曾幾何時，開始走下坡，甚至一蹶不振。由於創業的時候，正好碰上時勢造英雄的機會，想法和作法剛好對上了時機，所以事業就順利地蓬勃成長。但是如果創業人故步自封，認為自己這一套最成功，甚至交給兒子經營時，也要照自己這套做，那就危險了！這就是固執自己的成就、想法、作法，而不能超越自己。

✿ 否定自己

　　要自我超越就要常常否定自己：今天的自

己否定昨天的自己，今天建立起來的觀念，到了明天就要再超越它，不斷地檢討、再重新出發。如果一成不變，危險可就大了。

我們所處的時代環境，是瞬息萬變的。有人認為要「以不變應萬變」，但在多變的環境裡，人在變、事在變，氣氛、風潮也在變，若以不變應萬變，可能就被時代和環境淘汰了。

❀ 超越自我

事情應該是有所變，有所不變，不變的是努力的目標、方向，要變的則是做事的方法。如果方法不變就沒路可走了，譬如，你每天都從同樣的門出來，但今天門被堵住了，如果堅持一定要從這個門出去，那大概一輩子都出不去了；但是如果願意試試其他離開房間的方法，那就可能出得去了。這就是超越自我。

通常「自我」是很不容易超越的。自我是從一出生開始，甚至包含過去世的生命經驗所累積而成，一旦養成後，往往就不容易改變，而形成「習性」。

　　尤其是觀念的部分。其實我們應該尊重他人有不同的想法，就算是把自己的論點徹底推翻，也要歡歡喜喜地接受。

　　因為個人有個人的知識、學問、看法和想法，這是他人的想法，而不是我的。

　　何況，說不定過了幾年以後，我改變了原來的觀念，他的想法變成了我的想法，因為那個階段的我以為這樣是對的，現在的我則覺得他的道理是對的。

　　這就是超越自我，超越自我的價值觀、思考模式，以及自我的判斷、立場。

　　超越以後才會自由自在，否則會愈走愈狹

窄，最後走進死胡同裡。

——

（選自《帶著禪心去上班》）

禪一下 | 無我的智慧，安心安身；
平等的慈悲，安家安業；
無盡的感謝，安心安身；
無限的奉獻，安家安業。

16
CHAPTER

開放接受順逆境

　　一般人思考事情時，總是喜歡從自己的角度來看，所以遇到挫折時，若不是怨恨他人，就是覺得自己很差勁、沒有前途，心情因而變得很沮喪、無奈，意志也跟著消沉；但是，遇到順境時，又覺得自己的福氣好、能力強、貢獻大，彷彿有著三頭六臂，可以呼風喚雨、八面玲瓏。

❀ 環境的力量

　　其實，這兩種極端都是錯誤的想法。無論在得意或失意時，都不應該忘記環境的力量，畢竟事情的成敗必須靠全體環境來配合。當然，會

身處在這樣的環境中，自然和過去所累積的功德及所造的惡業，脫離不了關係，但是我們不能只思考到過去的功德或罪惡，而忽略了目前的現實狀況。

以我個人為例，因為經常和宗教界、政治界、工商界等世界級的大人物一起開會、座談、對談，很多人都將之歸諸於我的成就。但我並不以為自己有多大的能力，有什麼了不起。因為如果現今的環境仍然像過去那樣，是非常封閉的時代，是威權偏執的社會，我就不可能成為一個公眾人物。我之所以成為公眾人物，完全是由於整個大環境的改變，大環境需要像我這樣的人，大時代允許我有奉獻心力的機會，於是我就應運而成了具有相當知名度的宗教師。

❋ 時勢造英雄

因此，我應該感謝大時代、大環境的改變，我的成功與成就，不應該歸功於自己，而是屬於這個時代環境中的全體大眾。所以我相信「時勢造英雄，英雄造時勢」這句話，因為有時代環境的需求，所以有適時的人物出現。我不是英雄，我只是因為這個時代環境的關係，而用上了我的心力。能如此想，我就不會驕傲、自大、自以為是，以為自己能力很強了。所以我們每一個人，不論身處哪個行業，都應該要有遠見，要有遠大的看法和心胸，不能只就自己眼前的狀況或利益去考量，這樣才不會老是在自卑與自滿之間擺盪。

所謂心胸廣大，眼光看遠，就是 open mind。雖說「開放」，但並不代表沒有原則，也不是空口說大話。而是要先確立大方向和遠目

標，為眾生設想，為長久打算，然後放開心胸待人，腳踏實地處事，這才是真正的開放。

——

（選自《人間世》）

| 禪一下 | 長期情緒低潮，
會加速身心的老化，
不利於疾病的痊癒，
所以要時時保持開朗、愉悅的心情，
凡事不要斤斤計較、鑽牛角尖。 |

活用四它應萬變

目前臺灣正面臨一場大考驗，有很多人都因失業而陷入失望之中，甚至到了痛苦的谷底。

✾ 立即改進就好

在這個時候，我們除了思考是否是出於個人的問題外，更應該思考大環境的因素，別忘了逆境也是因為環境的關係而存在，所以不要覺得自己太失敗、太失落。即使是因為沒有好好把握機會用力、用心，並且太大意、太驕傲，那也只要自我反省，立即改進就好，不必耽溺在悔恨的痛苦中。

無論發生了好事或壞事，好事不必得意忘形，壞事不必焦頭爛額，那都是由於因素機緣所促成，不如面對它、接受它；並以客觀的角度來反省，找出問題形成的因素及思考因應的辦法，進一步運用一己的所有及所能來處理它；處理之後就可以放下它了，讓一切都成為過去，不必沾沾自喜，不用耿耿於懷；這就是我常講的「四它」哲學。

❀ 四它哲學

　　其實只要擁有「四它」——面對它、接受它、處理它、放下它的智慧心，就能夠在順境及逆境中遊刃有餘，自由自在地向前看、向前行了。

　　我經常是以這種方法來幫助人，因為我也是這麼一路走過來的。雖然我經常遇到失敗，但

也好像經常是成功的，成功與失敗不是絕對的，
當遇到失敗時，卻往往也是成功的轉機。

——

（選自《人間世》）

禪一下	黎明前的黑暗是不會太久的；
	只要基本原則不變、大方向沒錯，
	最後一定會有所收穫的。
	如果經常更換方向、改變理念，
	雖然占盡眼前風光，
	卻如失根的蘭花，生機渺茫。

我是誰？

禪修時，有一句話，中國禪宗很少用，可是西方人很喜歡用，那就是「Who am I ？」，也就是中文的「我是誰？」。

我一向認為，我們每一個人都一定要扮演好自己的「角色」。把自己的「角色」扮演好，「定位」明確了，你的「責任」、「義務」、「權利」清楚了，那你就是一個高明的人。

❀ 不要孤立自己

每個人的存在，都不是固定或孤立的，只要能把自己的責任、義務完成，那你在任何一個

點上，都會左右逢源，都會非常快樂。不要孤立自己，不要不想盡任何責任與義務，而只是思考自己的權利。事實上，權利是盡了責任和義務之後，自然而然所獲得的回饋和報酬。

能盡義務與責任，才有權利。所以，權利和責任通常是一體的，而且一定是先有責任再有權利。能根據職務、身分、立場，來盡義務和責任，那你就有權利了。然而在當今社會中，很多人都只知道追求、保障自己的權益，而沒有想到自己是不是已經盡到責任。

✿ 忘了自己是誰

有的人工作了一輩子，只能待在同一個位子或同一個階層，沒辦法往上提昇；也有的人無論到哪裡，遇到要陞遷時，一定都會被挑選出來。這是什麼原因呢？我想除了能力好之外，最

主要仍是能扮演好自己的角色，和發揮應盡的責任。而總是選不上，往往就是沒有扮演好自己的工作角色，像是常常忘了自己是誰，總是說出或做出與自己的職務、身分不相應的言語和行為，否則應該會被主管重用的。

佛教有一句話：「做一天和尚撞一天鐘。」意思是負責撞鐘的和尚，每天早晚都必須準時撞鐘，做好自己的工作、職務。同樣地，我們做人一定要先知道自己是誰，自己的身分、立場是什麼，然後告訴自己應該把什麼事情做好。怎樣是盡責呢？如果上班時間規定朝九晚五，那是否只要準時打卡就算是盡責了？當然不是，重要的是你的工作態度，一定要想辦法把自己的角色扮演好。除了要善盡我們的職責，與上下左右的人際互動也很重要，因為人並不是物體，也不是一盆植物，可以永遠固定在同一個位子上，人與人之

間是需要透過互動來共同成就任務的。

———

（選自《帶著禪心去上班》）

禪一下 | 在這個世界上，
即使是天才
也要加上後天的努力與學習，
才能扮演好自己的角色。

流浪的人生

　　人從出生以來，從出外求學、工作、結婚，哪一個時候不是在流浪呢？特別是現代社會，流動性那麼強，大家都在流浪。所以，流浪是人生的本質，沒什麼好擔心害怕的。我從出家以來，一直都是在流浪，從長江北岸的狼山到上海，再流浪到臺灣；從前我在國外生活的時候，大約有半年的時間過著居無定所的流浪漢生活，背著睡袋，到處借宿，借不到就睡在街頭。但是，這種生活是主動的流浪，我有很清楚的目標和方向，生命很充實，不以流浪為苦。

✺ 不為己的流浪漢精神

　　孔子周遊列國，栖栖惶惶、席不暇暖，不也是流浪嗎？行商四處做生意，也是到處流浪。出家人出家無家，更是以流浪為生。釋迦牟尼佛離開皇宮，就開始過著流浪的生活，常常沒有固定的生活居所，沒有固定的工作，也沒有固定的服務對象，卻有積極服務的人生觀，這就是不為己、不藏私的流浪漢精神。

　　然而，現在很多流浪漢都是被迫的。找不到工作，沒有住的地方，自己也覺得沒有前途了，只好流落街頭，過一天算一天，甚至開始吸毒、酗酒。其實，人生在世，有很多不測的變化，果真境遇坎坷，變成流浪漢了，也還不是絕路。

　　我在美國有一位在家弟子就是流浪漢。他四處為家，到處吃、到處睡，無家無累，海闊天空，生活很充實，是個街頭哲學家。主要是因為

他有明確的方向。他說他把生活所需降到最低，生病了到醫院去就診，就老實告訴醫師說他沒有保險，醫院多半不會置之不理。平時如果需要錢，憑體力做工，也可以賺到錢，其餘大部分的時間，他就到處弘法。

❋ 放下不安全感

不過，一般人還是需要正常的家庭、工作與生活。所以，我也不鼓勵大家都做流浪漢。只是社會多變，很多人雖然受過很好的教育，能力也不錯，工作卻不一定順利。尤其現在經濟不景氣，中年失業的人好像愈來愈多，大家都隱隱約約感到不安。其實，人生無常，本來就沒有什麼是永久不變的。自己不能掌控的事情發生了，還是能用積極的態度面對它，把不安全感放下來，並告訴自己，人生的過程，就是流浪的事實，如

果正面接受它，就不會有生存的恐懼感了。

———

（選自《人行道》）

| 禪一下 | 要能夠與大眾分享你的成就與一切，
這樣才是真正做好自己，
達到利己、利人的境界。 |

20

不當天涯淪落人

　　有個信徒問我說，因為他有一輛賓士的轎車，所以最近很麻煩，因為臺灣有一個集團專門追蹤勒索坐賓士轎車的人，他說：「這車子怎麼辦啊？」我說：「把它賣掉。」他說：「不能賣，賣了就沒車坐了。」我說：「坐計程車啊！」結果他回答說：「不能坐計程車，太不方便了。」這就是物質條件使得我們不自在。坐了賓士車害怕，不坐又不能過日子。所以，物質條件反而使我們現代人沒辦法得到安全感。

✿ 空虛的心靈

　　物質生活豐富的人，不等於他擁有快樂和平安。當一個人心裡感到空虛，便會時時覺得有威脅，並且不易滿足。心靈的空虛就好像是空中的一片羽毛，也像水上的浮萍般，處處飄，不知道何處是落腳的地方，也不知道什麼是真正可依靠的。諸位可能聽過「有錢能使鬼推磨」的俗語，有錢就有勢，有勢就有力，有力就可靠，這幾乎是現代人的觀念，但真的有了錢就是最安全的保障嗎？其實追求錢、權或勢，都是既吃力又空虛的事。

　　有勢的人怕勢力失去了，失去權勢的時候，比沒有得到權勢前更痛苦。所以有權勢的時候，他就恐懼什麼時候權勢會失去，因此沒有權勢要追求權勢，等失去之時，卻也是真正痛苦的時刻。所以現代的人心靈的空虛比過去的人嚴重，

物質條件愈豐富，精神生活愈貧窮。

✿ 如來如去

　　我們這一代的人是最可憐的，拿我個人來說，如果我不是出家人的話，我可能會覺得我很可憐，乃至生不如死，因為我在臺灣，臺灣的人把我當成是大陸人；我到了日本，他們當我是中國人；等到了美國，美國人說我是東方人；回到大陸，又說我是臺胞，真不知道我究竟是哪裡人？還好出家人是「出家無家，處處家」，否則我就成了「天涯淪落人」。

　　我不是天涯淪落人，我是處處的主人，無論人家怎麼說都毫無影響，所以出家很好。就如我們曾講的如來如去，到任何地方，在任何時間都能把某一處當成自己的地方；因緣要我走，我就走，走到另一地方亦能安身立命地住下來。如

此我們的心靈就不會恐懼了。

——

（選自《禪與悟》）

| 禪一下 | 我們每個人的生命不能沒有目標，
不能沒有方向感，
如果能以意志力，
持久朝著自己的方向，
持久地讓自己努力，
持久地堅持自己的心願，
便能夠將生命導向積極成長的路。 |

大鴨游出大路，
小鴨游出小路

我和父親在江蘇家鄉的河邊上散步，我們恰巧看到一群鴨子，正要下水嬉戲，我發現河水被牠們弄皺了，感到非常有趣。不久，鴨子又繼續游向對岸。父親問我：「孩子！你看到了吧？每隻鴨子在水面上，都游出一條屬於自己的水路。」我說：「我看到了！」父親摸摸我的頭，微笑地說：「你看河裡，大鴨子游出來的水路，是大路；小鴨子游出來的水路，是小路。每隻鴨子都有自己的路，而且小鴨子也能夠像大鴨子一樣，從河的此岸到達河的彼岸。」

父親深深地吸口氣，遙望著對岸的鴨子，

拍拍我的肩膀：「孩子啊！你也十來歲了！每一個人都有他自己能夠走的路，如果你的力量很大，能夠走出大路，你也不要覺得了不起，因為你也只是走一條路而已，當你到達河的彼岸，別人也能夠到達那邊。如果你的力量很小，你也不要難過，不必羨慕別人的大路，不必認為自己沒有用，因為你也能夠到達彼岸。」

這些話，影響我很深。當我長大後，這幅畫面，常在我的腦海裡浮現。

✿ 不必和人比較

當我做沙彌的少年時代，在趕經懺的階段，覺得困擾迷惑，以及感到智慧、能力、前途毫無希望時，心中自然湧起父親的話。此刻，我會告訴自己：「或許自己羽毛不豐，又是弱小有病，我現在的力量只是如此，也只能走出如此的道路

而已！」秉持這個信念，在我的奮鬥歷程中，我便不會灰心、失望。

當我在軍中的階段，與我同年齡的人之中，有些很順利地走出大路，成就遠勝於我。我曾忖想，是不是自己的觀念、方向、做人的態度有了問題呢？當這種念頭出現時，我隨即想起父親的比喻。自己的身心狀況、善根深淺，確實不能、也不必和別人相提並論，每個人各有過去世的因緣、因果，否則，若跟比我強的人相較，會愈比愈糟糕，若與比自己差的人相較，便愈比愈驕傲！

✿ 人各有因緣

至今，有人認為我在佛教界已快進入長老階層，也有人稱我一聲大師，但我自認在各方面都不行；智慧不足、福德不夠，既沒有很大的號

召力，也未擁有很高的地位。但是人各有因緣，我不自負也不自棄，自己能做多少就算多少，只要我自己的目標沒錯，不違背最初發心，即可俯仰不怍。

我的最初發心是：希望自己終其一生莫辜負做個本分的出家人，以報父母、師長及三寶對我的恩賜。我能做的，盡力去做；不能做的，不要跟人相比；別人的長處，我會努力學習，學不上的，不必氣餒。

我非常忙碌，但不會想到自己有用或沒有用的問題。由於父親的這句話，令我覺得平安、愉快、順利。

——

（選自《聖嚴法師心靈環保》）

不做白日夢

　　人的福報和因緣是非常不可思議的。我的師父東初老人老是說我有一點小聰明，但沒有福報。我知道我沒有福報，可是我從來沒有想到自己是個聰明人。如果我自以為是個聰明人，便會恃才傲物、目中無人、不求上進。正因為我知道自己不是聰明人，不是有智慧的人，所以我會努力；也因為知道自己所學不夠，必須不斷地學習；因為知道我沒有福報，所以願多做奉獻服務。因此我的日子過得既充實又真實，不會老是在做白日夢。

✿ 聰明反被聰明誤

我有一位同學，他在我所有的同學當中是最聰明的一位。曾經有人問他怎麼不好好地讀書，他說：「我不讀書就已經這樣聰明了，再讀下去，天底下還有人嗎？我必須要讓一點飯給人吃，所以我不要努力讀書。」好大的口氣！可是我因為知道自己是愚笨的人，所以在環境許可下，我會努力地充實自己，不會做這樣的夢。

夢不是不可以做，但不可以老是在做夢；未來不是沒有，但不要老是記掛著未來的前途。努力是必須的，然而跟環境因緣不相應的努力也是苦不堪言。所以努力之前先要安心、安身，這才是最可靠的安頓法門。

✿ 不要活在夢中

如果老是把自己放在夢中，等到無法將自

己的夢想實現時，便覺得無地自容，變成了一個失意落寞的人，這對我們是一種戕害。

——

（選自《法鼓晨音》）

> 禪一下
>
> 我們所強調的心態是有信心的、
> 是努力的、是有目標的，
> 也是有自知之明的，
> 不會以為一失敗就從此一敗塗地，
> 一成功就從此一帆風順，
> 而是一種非常積極的心態。

為何找不到
好工作？

　　許多年輕人往往很希望得到某份工作，但卻沒有考慮到自己能不能勝任，包括與自己的性向合不合？自己的能力夠不夠？所以年輕人在畢業之前，一定要在將來想從事的行業方面好好充實自己，否則，即使進入這個行業，也會覺得很痛苦，無論是自己或他人，都不能滿意。如果因而一再轉換工作，就會造成不安定的狀態。

🌸 徘徊在失業和就業之間

　　有的人好高騖遠，在學校時覺得自己很聰明，踏入社會之後，容易因為眼高手低而造成工

作不順利。有的人則是性格的問題，在學校時只需要和同學相處，很單純，出了社會之後，和同事之間缺少關心，就覺得處處看人臉色，或是產生計較、嫉妒的感覺，一旦產生這種感覺，就會想轉換工作。

有的人一年換好幾個工作，有的人則是工作了一段時間之後，覺得壓力太重而不想工作，這時家人及社會會投以異樣眼光，使他夾在家庭和職場之間，於是產生挫折感。有的人則是由於家庭因素，例如，有些父母希望子女畢業之後從事某項工作，覺得這樣可以光耀門楣，但如此一來，年輕人便失去自己選擇的自由，即使做了這份工作，也會覺得很痛苦，進而徘徊在失業和就業之間。

✿ 接受事實，騎馬找馬

通常我會勸導這些人接受事實，騎馬找馬。雖然現在這匹馬不一定是好馬，但畢竟還是一匹馬，先騎著牠再去找千里馬。不過找千里馬之前，自己也必須先做好準備。

一般人多半害怕未來沒有希望，在沒有找到另一份工作前，不知道該做什麼，尤其還會伴隨著一份失落感。面對這種狀況，如果你變得忿忿不平或怨天尤人，可能連進修的機會和意願都會失去，失業就會變成失意，接著是灰心喪志，種種負面的想法接踵而至。

失業有很多種可能，如果是被老闆辭退，或因為人事、工作等壓力無法承受，則辭職後休息一下也很好。這段時間可以繼續找自己喜歡的工作，或者充實自己，或者做做義工，讓自己的思慮沉澱一下，接觸不同層面的人事物，讓自己

的心胸開闊一些。如此一來，當你踏出第二步時，你的閱歷和經驗就會更成長。

　　不過，有時我們並不一定是因為外境的問題而離職，可能是自己的觀念或想法沒有調整過來，所以才認為那份工作不適合自己。如果是這樣，休息一段時間之後，一旦觀念調整過來，即使找到類似或同樣的工作，也會勝任愉快。

　　生命的價值是為了服務貢獻。就宗教來說，這就是利人利己的精神，因為自己會從奉獻中得到成長，正確的工作態度應該如此。有了這樣的工作態度，我相信人際關係也不會有問題。

――

（選自《不一樣的社會關懷》）

安　身　禪

24
CHAPTER

生存的本錢
在哪裡？

　　不管是有錢沒錢，沒有經濟資源，就沒有辦法生存；這也就是說我們要有生活的本錢，才能生存下去。有精神的本錢，有知能的本錢，有物質的本錢，都是經濟的資源。

❀ 精神的本錢

　　像顏回那樣，「一簞食，一瓢飲，居陋巷，人不堪其憂，回也不改其樂」。人家覺得他很可憐，可是他卻樂在其中。在我們的中華佛學研究所，也有一位遠從捷克來的學生，本來我們是提供他全額免費，因其中文基礎不

好，無法聽課，故勸他先到師範大學語文班進修。捷克是歐洲很窮的一個國家，剛從共產主義的制度下解體不久，他在臺灣又舉目無親，故在他離開我們研究所一年之後，見面時我問他：「如何生活的？」他說：「有時有人給一點錢，有飯就吃，有地方就住。」為了求學，他並不覺得生活得有多苦。他沒有物質的經濟資源，卻有精神的本錢，做為他生存的條件。所以，人如能富貴則富貴，如不能富貴則要耐得起貧窮。富貴當然表示幸運及有福，貧窮也不就是罪惡及恥辱，最大的罪惡和恥辱是沒有以良心、道德、品行做為依準的經濟生涯。

❀ 懂得運用財富的富貴中人

當我們在規畫經濟生涯之時，一定要確立一個原則：要量入為出，開源節流；要厚以待

人，儉以律己；要克勤克儉，積蓄財富；要將自己擁有的經濟資源，用在國家社會，乃至全體人類的福利事業，這才是真正懂得運用財富的富貴中人。

對經濟生涯的規畫，一定要好好處理。一定要建立惜福、培福、種福的觀念；首先要珍惜現在所擁有的一切，包括自己的生活環境和生活條件，再以自己的技能、知識、體能、智慧、人品，為社會謀福利，這就是惜福培福。種福的意思是對現在尚沒有做的好事，要加強努力。同時我要建議諸位另一個觀念的認同：「坐著享福的人，那是無福之人；培福、種福的人，才是有福之人。」

——

（選自《禪門》）

25

如何調整
工作的腳步？

　　從小至今，我都只依循著大方向前進，而不刻意非得要達成什麼目的，因為我發現，本來很想要完成的事，到後來往往都會改變，甚至與當初設想的完全不一樣。所以，只要把握住大方向，朝著大方向前進就可以了，而在前進的過程中，不必因為某個小步伐或軌道改變了，就覺得很嚴重，只要隨著變化來調整步伐，而仍不錯失大方向即可。

　　還有一種情況是許多人都會遇到的：有時企業的發展很快速，有時又很緩慢，甚至不但沒有成長，還退步了。遇到這種情形時，我通常建

議他們把注意力放在當下個人能付出的最大努力，至於將於何時擴張到多大規模，要隨因緣而定，不是個人想要如何就一定做得到。例如，有些人能力很強，但就是無法達到預定的目標；有些人能力並不好，卻在各種因緣聚合，也就是環境、朋友、時勢等各方面條件的配合下，陰錯陽差地成就了大事業，這也可以說是他的運氣好。

所以，我們要有這種觀念：能努力多少算多少，盡量積極地做好該做的事，至於結果如何，則不是我們個人能控制的，得失心不要太重。假如對最後的結果過於執著，不能隨著因緣變化做調整，追求事業反而會為個人帶來痛苦。

——

（選自《不一樣的生活主張》）

26
CHAPTER

中年還可以
轉行嗎？

首先要問，為什麼要轉業？是這一行業沒有前途了；或者是對這一行業厭倦了、沒興趣了；或者是當初在家人、父母安排入行，如今做不下去了？釐清內心真正的動機後，如果自己在這行的技術、知識，乃至社會奉獻上都沒有成長空間和前瞻性，那麼與其繼續做下去，不如改行。不過，人到中年，要改行會比較辛苦，一定要做好心理和能力兩方面的準備。

❈ 思考自己的能力

心理準備比較容易，比如想開飛機，你真

心想要追求飛行，那就去做；想航海，那就想像航行的情境；想出家，內心就準備好要放下一切。更重要的是，客觀地評估自我條件夠不夠？無論是開飛機、航海、出家，都有必備的條件，你必須先思考自己有沒有這個能力去從事？也就是說，想要從原有領域跨到另一領域之前，必須要具備跨出去的條件，否則就是莽撞；尤其是內在準備條件不足，外在環境無法配合時，改行就很難順利了。這個社會給中年人的機會，不比年輕人多，許多工作都對年齡有限制，中年人有養家重擔，若要放棄原有的職業再從頭開始，也必須考慮經濟負擔，謀定而後動。

❀ 做好轉業的萬全準備

我在軍中時，看到許多同事努力進修大學課程，上完大學課程，有人考入政府部門、有人

轉業擔任技術人員；更有人出國留學，返國後當了大學教授。他們除了心理層面有轉業的萬全準備外，更無時無刻不在追求自我成長，增強自我能力，一旦機會來臨，就能走出去。

也有人說：「人到中年百事哀。」事實卻不盡然，如果能一邊工作、一邊進修，持續充實自己，一旦機會來臨，轉業就比較方便了。否則，盲目地轉業，就如同賭博，一腳踩出去，一旦落了空，可能掉入深淵中。

我一生中，也有好幾次轉業的機會，在日本留學，完成學業時，可以留在日本教書，不當和尚，我沒有接受。回到臺灣，也有人要我從政，我自省不適合做政治人物，因此安分做我的和尚。

總之我們要改行、轉業，準備工夫一定要有。除了心理準備外，更重要的是自己能力、家

計負擔的準備，對轉入的行業要充分研究、了解，更要深入學習該行業的特性，才會成功。

　　人到中年，要改行會比較辛苦，一定要做好心理和能力的準備。

———

（選自《方外看紅塵》）

禪 一 下	對未來的計畫， 要有方向感， 那就是發願， 不是做夢， 是承先啟後、腳踏實地往前走。

工作如何得人心？

　　敬業樂群雖是老生常談，但很不容易做到，縱然在平常做得事事成功，稱心如意，一旦有些波折、困擾、難題出現的時候，就會懷疑所做的工作，是為誰辛苦為誰忙？若出現了這些想法，就不是敬業樂群了。

✿ 利人便是利己

　　敬業就是對自己所從事的工作，負責認真；精進是努力不懈、全心投入；如果對心力、體力、能力，樣樣都是持著保留的態度，那就不叫敬業精進了。

對自己的任何行為，都應以「利人便是利己」的觀點來考量，不為自己的利益而追求，但為他人的福利而努力，並且是以他人的遠利與近利來設想。如果凡事都能用這種心態來面對，不論在家中、公司，乃至在任何場合，相信你會很有人緣，也會很得人心。

在安定和諧中，把握今天，才能走出明天。

這不是現實主義，而是「現在主義」。修行一定是以把握現在為最重要，過去的已經過去，未來的還沒有來，只有現在這個時刻最重要，它使我們有著力點，能及時努力。

如果我們現在有努力的機會而不努力，有演戲的舞台而不演戲，錯過一個機會，就少了一次成長的因緣，那就很可惜了。所以，現在能夠讓我們做的，就要盡力做好。

在明確的方向感中，時時踏穩腳步，步步站穩立場。

在人的生命過程中，應該及早確立方向，考慮自己的才能、興趣，以及所擁有的資源，包括身體的健康、智能、願心，以此做為判斷的依據，然後找到人生的大方向。

❀ 步步踏實，步步為營

方向確立就不能輕易改變，立場則是可以換的，例如今天做總經理，明天做董事長，今天做兒子，明天做爸爸，今天做太太，明天做媽媽，立場可以不斷地換，如果一個人的立場不換，立足點也不調整，那他大概是已經不進步、不活動的人了。

選定方向，踩穩了立足點後，一定要步步踏實，步步為營，如此做任何事業都會成功。

（選自《平安的人間》）

> **禪一下**
>
> 若能了解危機，
> 善於運用危機來改變自己、
> 改變環境，
> 就能使得千頭萬緒的事迎刃而解，
> 而你也能馬上成為一個成功者了。

現在就是最好的

　　「明天總是好的」這個觀念，必須建立在「現在就是最好的」立足點上。既然現在就是最好的，生命的本身，不論是目前和未來，必然都是最好的。

✸ 善用現在，對過去與未來負責

　　現在真是最好的嗎？不論從客觀面及主觀面來看，若用比較的態度衡量，就不一定了。若從佛學的思想層面看，只要能夠肯定自我的生命體，是跟無限長的過去世及無窮遠的未來世連綿不絕的。現在的價值，不論是苦是樂，是成是

敗，都是最寶貴的，最可珍惜的。因為能夠善用「現在」，對過去負責，也對未來負責，正好是一邊清償積欠的舊債，一邊又在積儲功德及智慧的財富。像這樣的關鍵時刻，誰還能說不是最好的階段呢？

❀ 享用最好的現在

如果我們有了這樣的學思認知，必然能夠接受每一秒鐘的現在，珍惜每一口呼吸的現在，也能懷著十足的信心和無上的願心，迎接光明的未來。為什麼？因為未來當然也是最好的，以最好的心態，享用最好的現在，當然每一步都是在迎向最好的未來。

——

（選自《禪門》）

當偏離了
人生方向時

　　一般人常常會因為環境的影響、時代的轉變，種種外在因素，加上本身的條件不具足，便產生一種茫然的感覺，迷失方向，不知該如何？就好像走在三叉路口時，不知道自己的方向到底在哪裡？

❀ 回到根本大方向

　　這個時候就要回過頭來想一想：「我的根本大方向是什麼？」如果發現目前的狀況已經偏離原來的目標，就要用智慧的判斷來做修正。

不自私自利，自求安樂，不可不自量力，輕言犧牲，輕諾寡信。

少以近利私利為著眼，多以遠利公利來著想。

人品的成長，以及菩提心的堅固，才是大成功。

　　成功是多元化的、多層面的，不要斤斤計較於某一個特定的事件、某一種特定的情況，才叫作成功。即使一時間財富、地位、事業，都沒有成功，也千萬不要把菩提心也失掉了，不要把人格也丟掉了。縱然一切的努力都未成功，只要人格成長、人品提昇，就是成功。

❀ 面對現實，開創未來

　　凡事都必須靠各種因緣來成就，因緣往往不是一個人所能操控的，個人努力是主因，

尚得有助緣的成熟，才會有成果。所以，一帆風順的時候不要得意忘形，一波三折的時候也不必灰心喪志。情況好的時候，不能沒有警覺心、沒有危機感；壞的時候也不要喪失信心、喪失毅力；很可能時機、環境、條件一改變，情況馬上就會轉好。

所以用因緣、因果這兩個觀念，能夠使你勇於面對現實，開創未來，不會怨天尤人，也不會嫉妒人、羨慕人。因為沒有永遠的失意失敗，也沒有個人的成就與成功可言。

——
（選自《平安的人間》）

| 禪一下 | 盡己之力，就是立功；
與人和平相處，就是立德；
說話算話，用真誠心講話，
就是立言。 |

30

CHAPTER

別小看了自己

　　人生存在世間，都不是孤立的，而是與周遭息息相關。我們活在世間應該要先找到立足點，再一層一層地擴展思考層面，一直探索到最廣大的人類歷史。因此，我在做任何事之前，都會考慮到事情的影響力。先思考它對我們團體有什麼好處？再思考它會為未來社會帶來什麼好處？對臺灣有什麼好處？為整個世界帶來什麼好處？因為我是人類歷史上的一份子，所以，我還要更進一步考慮，自己對歷史有什麼交代？對人類有什麼交代？

✿ 蝴蝶效應

　　不要以為自己沒有名望、沒有地位，對歷史好像沒有影響力，這是不對的觀念。我曾在《讀者文摘》看過一篇文章，提到有關蝴蝶效應，就是在巴西亞馬遜河的一隻蝴蝶搧動翅膀，就會引起一連串的反應，結果在美國德州引起大颶風。巴西與美國距離滿遠的，怎麼可能產生如此大的反應呢？這就是所謂的「效應」。一個微小的動作，會影響周圍的環境，改變的環境又會再影響它周圍的環境，一層一層地影響下去。

　　這讓我想起有一次，我在佛羅里達州一位居士的家裡，他的游泳池裡有一個汽球，我就在池邊輕輕地按、輕輕地按，游泳池的水就緩緩起了波浪，波浪一層層地漸漸擴散到游泳池的四周，然後再彈回來；我再輕輕地動幾下，它又退回去，我再輕輕地動幾下，它又彈回來；就這樣

子一直來回互相激盪，風浪就愈來愈高。

其實我根本沒用多大的力氣，但是它的波浪卻愈來愈高，當時我就告訴弟子們：一個小小的動作，就會影響整個水池的動態；其實我們一個小動作，甚至一句話，也是一樣，都會影響另外一個人，如果讓它持續擴展下去，影響的人更多。

因此，不要以為自己只是個小人物，不會影響人，就不在意自己的言行舉止。在辦公室裡，如果你能當好的示範，你就是菩薩；如果不能，那也是菩薩，只是你扮演的是魔鬼的菩薩。

❀ 眼中釘

此外，我們不要專門看別人的缺點，他人的缺點是我們的鏡子，他人的好處則是我們的榜樣；如果總是看別人的缺點，心裡只會感到痛

恨，一點用也沒有。如果別人有缺點，你可以幫他改善，這是好事；但如果因此心生怨恨，而把他視為「眼中釘」，那你自己也會很痛苦。你想拔掉別人，別人也希望拔掉你，那就只有相互較勁，看誰的力量大。無論是你拔掉他，或他拔掉你，最後都會淪為怨怨相報，都不是好事情。

——

（選自《帶著禪心去上班》）

> 禪一下
>
> 生命的意義是珍惜生命和時間，
> 做自利利人的事，
> 同時能夠找到人生的方向，
> 這個方向是在苦難之中，
> 為社會、人群做奉獻和服務。

31
CHAPTER

怨家路窄難相容？

在工作場合中，各種人都有，有的人自私、推諉責任，老是跟你作對，但即使這樣，我們對他還是要抱持希望，因為從修行的立場而言，每個人都還是有轉變、改善的機會。如果我們一開始就認定對方不好，留下刻板印象，那麼，對方就毫無翻身的機會，彼此間的關係亦不可能改善。所以我們在工作中，以及與人互動時，要有菩薩精神，對任何人都不要失望、對立，而要消融自己，包容人、體諒人。

❀ 消融自己，包容別人

　　這個觀念很有用，因為只要能消融自己，就能包容所有的人，心中就沒有對人的恨意了。否則，你光聽到他的名字就一肚子火，如果再見到他的人，那就是仇人狹路相逢、怨家路窄。所謂怨家路窄，其實不是路窄，而是你的心量小，如果你能包容他，怨家本身就不存在了。雖然他可能還是你的怨家，可能還是會整你，但只要你心中不要以怨家來看待他，那他就不是個怨家了。

　　有一位參加過禪修營的學員告訴我說：「師父，自從我學過打坐以後，就再也不會生氣了。雖然我經常受人欺負，但我不生氣，也不會跟人吵架，只是我還是覺得不服氣！」我一聽就覺得奇怪了，既然不生氣，怎會不服氣呢？這樣他的氣到底消了沒有？當然沒有消！我說：「你

這怎麼叫作不生氣,只是沒有發作而已。你心裡面的火氣很多、很危險,不知道什麼時候就爆炸了!」他雖然把氣暫時壓下來、把氣吞忍下去,累積久了,將來一旦爆發,必會發生危險。

❊ 抱怨是損人不利己

所以,只要我們懂得消融自己,心中的怒氣就不存在。有時候嘴巴上說幾句氣話,那沒有關係,講完了,你的氣就消了。但是最好是在消融自己的時候,連這種抱怨的話都不講,因為抱怨的話只要一講,不但傷了人,也可能因此傳出去,衍生不必要的麻煩,所以抱怨是損人不利己的,仍應消融自己,沉著守口,才是利人利己的智慧行為。

(選自《帶著禪心去上班》)

給別人生路，
給自己後路

　　與人相處發生問題時，可以當成是對我們智慧的一種考驗，讓我們學習運用智慧、慈悲來互相調整，也讓我們思考：要如何達成有效的溝通？如何歸結出一個比較能讓對方接受的結果？

✿ 先退讓一步

　　我認為首先要自己先退讓一步，如此才有討論的空間。如果你不肯退一步，他也不願退一步，彼此互相堅持、僵持不下，想要溝通，根本沒有希望。就像兩個人走到獨木橋的中間，你想要過去，他也想過去，互不退讓的結果，最後兩

個人都掉到河裡去了。碰到爭執不下時，總要有一個人往後退一下，側身先讓對方通過，自己也才能順利過橋。在剛退讓的時候，一時之間可能感覺自己吃虧了，覺得為什麼要我讓他，而不是他讓我呢！可是如果我們能夠為了整體的長遠發展著想的話，就會明白這是值得的。

人要有遠見，今天你讓別人十條路，雖然明天很可能只有兩個人願意回報，也讓你的路，但是不要因此感到失望，因為至少還有兩個人讓你的路。兩個人加上你就變成三個人，三個人要比另外七個人強。為什麼？因為你們三個人是同心協力的，而其他七個人，因為力量都是一個一個分散的，所以加起來只會有一個人的力量。因此，你們三個人團結的力量，要比他們七個人分散的力量強；你們三個人做出來的成果，要比他們七個人做出來的好，這是值得的。

✸ 為自己留一條後路

所以，我們能夠讓人一步，放人一條生路，也就是為自己留一條後路；如果我們每一個人都堅持著自己的想法：「為什麼是我要讓你，你為什麼不讓我？」那結果一定是兩敗俱傷。

——

（選自《帶著禪心去上班》）

> 禪一下
>
> 如果我們只能接受成功
> 而不能接受挫折失敗，
> 如果我們只能接受順緣
> 而不能面對逆緣，
> 那我們的智慧和福報
> 也不會成長得那麼快了。

如何培養
合作默契？

　　在職場中，大家都來自不同的生活環境，
也都有不同的成長背景，但是進入企業、團體以
後，即需建立共同的理念、方向，一起朝同一方
向努力。但是，大家儘管都很努力，還是會發現
每一個人都有自己的習氣、煩惱、性格與脾氣，
所以並不容易溝通。畢竟我們從出生以後，從家
庭、學校、公共環境，以及朋友、同學的關係
中，都可能會學習到一些不同的習氣和觀念。

❀ 營造歡喜和諧的辦公室氣氛

　　辦公室的氣氛要靠大眾一起營造，要互相

溝通、協調；互相諒解、包容。雖然不同部門的工作性質可能截然不同，你沒辦法幫別人的忙，但是既然都在同一個大辦公室裡，就是一個共同體，看到彼此應該覺得很歡喜。

上班、下班在路上見到彼此的時候，不要因為平常沒有工作往來，就覺得不需要打招呼。這是錯誤的想法，正因為平常很少有機會接觸，才更應該要打招呼。你可以跟他笑一下，說聲：「早安！」或是問說：「你今天看起來很開心的樣子，能不能分享一下？」

✸ 人品和工作品質一起成長

或許剛開始你會因為陌生而覺得有些不自然，覺得自己好像是裝的或是很虛偽，其實不要這麼想，即使是裝的也沒關係，只要裝的時候心裡不要想是假的，那就是真的。然後慢慢地再繼

續練習，久了就會自然熟練，不再尷尬。

　　如果，我們隨時隨地都能提醒自己做到「慈悲奉獻他人，煩惱消歸自性」，這樣我們的人品和工作品質自然也會隨著成長。

———

（選自《帶著禪心去上班》）

禪一下	一個團體真正的成功， 不是少數個人的成功， 應該是團體中每一個人 都是成功的因素。 團體成功的時候， 每一個個人就在其中了。

對自己的人生負責

　　自我肯定就是「肯定自己的所作所為」，不管是對於過去或現在的所作所為，都要負起責任；對於未來，也應該有一定的方向和規畫。

　　那麼，何謂自我？自我包括從過去到現在，現在到未來所有的我，而以現在、當下的自己做為立足點。所以，過去是自我、現在是自我、未來的也是自我。而過去、現在和未來又是什麼？若從時間的範圍而言，「過去」可以是去年，也可以是前生，也可以是久遠以前的前生；「現在」可以說是這一生、今天，或這一秒鐘、這一剎那；而「未來」也是一樣，時間可長可短。

✿ 時時對自己負責

在整個以當下為基礎而無限延伸的過程中，自我一定要時時對自己負責。責任和義務是當「自己」和「他人」建立關係時才會產生，也才會有自我的存在和自我的價值；可是即使是自己單獨一個人，也應該為自己負起責任和義務。所以我們要站在自我當下的立足點上，對自己負責、對他人負責，這樣就是對因果負責。接受自己造的因、自己種的果，就能明白：「善有善報、惡有惡報」，努力為善祛惡，就是負責的表現。

為自己負責需要練習著控制自己，要能夠不受環境的誘惑。譬如有人請我抽菸，因為我從來沒有抽過，所以不受誘惑；如果我曾經抽菸多年，大概就會心癢難耐地想抽，而這時就要學著練習控制自己。

世間五欲的歡樂，人人都喜歡，也很容易因此受誘惑而犯錯，所以要能自己判斷：「應不應該做？能不能夠做？」從而做到主宰自己。可是一般人總是不了解自己，往往做錯了事還不自知，說錯了話也不承認，自己的觀念、想法明明錯了，卻還要巧辯。這樣自我的固執和堅持，並不是自我肯定，因為你肯定了自己，卻否定了他人，你要把人家趕走，人家也會把你趕走，對立的結果，別人也同樣會否定你，到最後，自己反而被孤立，這非但不是肯定自我，而且還是自掘墳墓、自找倒楣。

所以肯定自我，一定要從了解自己開始，知道自己的缺點有哪些？有什麼壞念頭？缺點和壞念頭並不可怕，只要把缺點改掉，壞念頭去掉，轉惡為善，就是自我肯定。

但是我們的念頭常常心猿意馬，不容易受

控制，以至於很難讓自己該想的時候就想、不該想的時候就不想；要做就做、不做就不做。這是由於習慣使然，也是自己內在的煩惱自然而然不斷湧現的結果。

❀ 修身養性的工夫

所以，我們平常一定要做修身養性的工夫，譬如念佛、誦經或禪坐。通常我們不修行的時候，不會知道自己的頭腦其實是在胡思亂想。

譬如在誦經念佛時，才發現自己的腦袋常常有綺思遐想等妄念，這一類的念頭，特別容易在修行時浮現，也特別容易被發現。藉由修行，能夠培養我們的覺照力，在覺察缺點之後再進一步改正，這就是自我肯定的過程。

自我肯定必須是肯定自我的優點，也肯定自己是有缺點的，肯定了自己的優點跟缺點之

後，就能夠獲得自我的成長。

——

（選自《找回自己》）

禪一下 ｜ 真正的自我，
應該是能夠主宰自己，
能夠差遣、調配、
控制自己的身心活動，
自己能夠做得了主，
這個才是自我。

失業而不失意

　　很多人一見面，就會問說：「最近在哪裡得意呀？」意思是：「在哪裡工作？」好像是說，如果沒有工作，就不得意了；如果失業，那就是失意了。我想，這不太對。

✿ 得意與失意

　　「得意」是說心中沒有負擔，心很自在、快樂，所以得意；那麼，暫停為薪資而工作、為生活所需而工作的煩惱，也不算失意。失業的原因很多，不全然是自己能力或條件的問題，即使失業，也不要太責怪自己能力不足。

我有一位信徒，他在美國的一間公司工作二十年了，已是中級幹部，就指望退休了，但有一年公司裁員，居然把他裁掉了。他好痛苦，覺得自己沒有做錯什麼，也常加班，工作量也是多達兩、三個人的負荷。

「這麼為公司賣命，居然還是裁到我！」他跟我說他內心的痛苦：「我這麼努力，為什麼是我被裁？」

我問他：「沒工作之後，你沒飯吃了嗎？」

他說：「當然還有飯吃，只是沒有工作，很丟臉！」

「你應該高興，二十多年沒有好好休息，這段時間你正好可以好好修行和休息。」

「可是，我還沒有老到要退休。」

「那好，你還有不錯的體力，可以來法鼓山當義工。」

法鼓山許多工作，都是靠義工來支持的，義工的貢獻很大。所以，換個角度看，失意也可以是得意的事。

✹ 事業與志業

　　過去，工作是為了薪水及陞遷；現在，做義工不是為了自己，別把失業當成失意。臺灣近來失業率下降了一點，前些年的確有失業高潮，因為有許多企業離開臺灣，移廠到大陸、越南、柬埔寨。那留下來的工人，就失業了。

　　那怎麼辦呢？好比，過去街上都是三輪車，但等計程車來了，三輪車夫就失業了，他們只好也去學開車，要不然就必須轉業。隨著社會發展、時代改變，總有些人是必須轉換跑道的，過渡期是會有些痛苦，但每個人都要為失業做好準備。

如果失業就會沒飯吃，那的確很糟糕，但大部分的人失業，不會真的沒飯吃，最大的問題是失意，垂頭喪氣。如果是這樣，就要改變自己的心態了。法鼓山上有好多義工，都是故意提早退休，在人生裡發展出「事業」以外的「志業」，一點都不失意，反而很得意。所以，一時失業的人，好好培養自己，社會還是有許多地方需要你的。

——

（選自《方外看紅塵》）

禪一下

多數人是失敗的時間多，
成功的機會少。
但若記取教訓，不斷重新出發，
每次的失敗，
也就是成功。

處處是家

　　我在南部山中閉關時，有一位法師來看我，那已是傍晚時分，他在我關房門口坐下與我談話。這時正好有許多鳥從外邊飛回來，飛進關房窗前的窩裡。這位法師說：「我從遠道來，這些鳥從近處來；人是天邊的鳥，鳥是家邊的人。」意思是，鳥雖然晚上回來，法師也是晚上到我那兒，看起來是相同的，其實不然。這位法師當年離開臺灣到國外，又老遠回到臺灣來看我，不久還要回國外去。正如他所說，「人是天邊的鳥」，人往天邊去，又從天邊飛來，這麼遠的路程兩端，究竟哪一個才是家？而「鳥是家邊的

人」，鳥始終在家邊飛來飛去，不會離開很遠，候鳥是例外。

✿ 家在哪裡？

　　我後來也體驗到出家人的生活方式和心態——出家無家，處處是家，又處處不是家。在飛機上、汽車裡常覺得這就是家，旅行時坐在樹蔭下，也覺得那是家。因為人生就是如此，也許有一天我在旅程中一口氣上不來，那就是我的歸宿，是旅途的終點。為什麼非得有房子的地方才是家，沒有房子的地方就不是家？為什麼一定要分此處是家，彼處不是家？事實上有些人也很難說清楚哪個是自己的家，付租金的時候那是你的家，搬走以後就不是了。因此可以說時時都不在家中而在旅途中，因為時時都有搬家的可能。

✿ 生命本身就是旅途

說穿了，生命本身就是旅途，古人說：「光陰是百代之過客，天地是萬物之逆旅。」人從出生到死亡，根本就是在旅途之中，並沒有真正的家。放得更長更遠來說，我們從愚癡無明到學佛行菩薩道，一直到成佛為止，也是個過程，沒有固定的真正的家。任何一個臨時的立足點可以是家，任何一個暫時的寄宿處也可以是家。所以，「在途中不離家舍」，在途中時，只要處處是安身立命處，處處都是家。「離家舍不在途中」，離家之後，並沒有另一個旅途可言，因為你本來就在旅途之中。

我們要腳踏實地，不要認為這是過渡的時期、是過渡的地方、是過客的身分就不認真，也不要認為這是自己的家就捨不得、放不下。換句話說，在家中要認為這是旅途、是旅館，就不會

執著；在旅途中要認為這是家，就不會疏怠輕忽。所以，這兩個觀念倒過來看的話，對人生太有用了。

——

（選自《聖嚴說禪》）

禪一下

如果能學會不論遇到何人、
碰到何事、發生何種情況，
都能使自己的身心安定，
也就是練成處處安身、
時時安心的修養工夫，
就能夠左右逢源而萬事如意了。

37

CHAPTER

讓生活重新上軌道

　　人會散漫的原因，多半是失去了生活的軌道，生活沒有了規律。因為心沒有了次序，生活自然也沒有次序，於是就變成散漫了。因此，想要克服散漫心，就要將自己納入軌道中。方法可以是每天為自己安排一個定課，以培養定力和規律，並且用發願的方式把自己的人生方向建立起來。仔細想想自己想要做、應該做的是什麼事？每天的生活要怎麼規畫？當你把生活規律化以後，漸漸地散漫心就會袪除，就能進入生活的軌道裡。

　　而培養興趣的目的，是為了避免讓目標成

為僵硬的東西。如果只有目標而沒有興趣的話，再好的目標都會成為例行公事，很快地就會連自己為什麼要這樣做的目的都不知道了。

✿ 培養合群的美德

　　此外，培養合群的美德，透過和其他人共同生活與交往，可藉由群眾力量的支持來校正自己的散漫。如果一個個性非常孤僻的人，又生活很散漫的話，那要改變人生態度就很困難了。反過來說，如果還能夠合群，即使他再怎麼散漫，但是因為心裡覺得需要朋友，也有朋友圈可以交流生活方式的話，那麼他的生活態度就會慢慢地轉變。當然，這裡所指的朋友，是能夠談學問、談信仰，或是一起做些有意義的事，而不是本身生活就沒有規律的朋友。

　　譬如出家人的生活就是主張要隨眾，也就

是隨著大眾一起生活、隨眾起床、隨眾上殿過堂、隨眾作息，這都是團體生活。而團體生活能培養出自己向上的心，因為眼看其他人都那麼精進用功，即使自己沒有進取心，也會因為他人的激勵而慢慢變成有進取心的人。所以，隨眾並不是要我們變成像機器一樣呆板，而是要我們活潑潑地學習別人的長處。

❀ 隨眾一起成長

隨眾最大的好處，就是不會迷失方向，就像竹林裡又直又高的孟宗竹一樣。因為園子裡種的全都是竹子，所以每一根都是直直地往上長，沒有彎的。這也就是說，共同一起生活、成長的時候，因為定時接受營養、接受成長的機會，一定會長得很好；反之，如果是單獨一個人的時候，就會覺得無所謂，並不覺得非要和別人一樣

接受教育，接受成長的機會不可，很容易就變成得過且過而迷失自己了。

——

（選自《放下的幸福》）

禪
一
下

以慈悲關懷人、
以智慧處理事、
以和樂同生活、
以尊敬相對待。

38

不為自己找藉口

做事應該要從近處著手、遠處著眼，光是有遠大的志向和願望，而沒有腳踏實地去做，那永遠都是一種虛幻的狂想或妄想，縱然心懷大志，仍然是個無能的人。如果從這個角度來說，應該也可以稱為「懶人」。

❀ 懶人的藉口多

真正心懷大志的人，在還沒有得志之前，他一定還是很實在地生活和工作。就像古代有一些宰相、將軍，在還沒有任官之前，都是做農夫或是工人、樵夫，後來因為被發現，機會到了，

才出來任官。但是，當他們在做農夫的時候，不但不會說：「唉呀！我是該做宰相的人，怎麼能做農夫呢？」而且也不會因為是農夫，就畫地自限，心中仍然有大遠景。如果心裡老是幻想著：「我是準備做大事的，才不屑做這些小事。」那麼一定不可能有後來的成就。

除了狂想、妄想外，「拖」也是一種懶的心態。人多多少少都喜歡拖，原本今天該做的事，就想沒關係，反正明天再做還來得及。其實工作應該是要用「趕的」，不能用「等的」。雖然說做事不能急，但一定要用趕的，因為工作如果不用趕的話，通常不容易完成，事情唯有在迫切的情況下，不眠不休地趕工，才能順利把它趕出來。

或許有的人會認為今天做不完沒有關係，明天還可以做；明天做不完，後天再做；即使我

自己做不完也沒關係，還可以留給後代做。這都是一種藉口，也是一種懶人心態。我們應該要隨時隨地提醒自己：今天要做的事今天就要完成，因為明天能不能活著還不知道，能夠趕出來就要盡快把它趕出來。

❀ 發願完成工作

因此佛法很強調精進，譬如「剋期取證」，意思就是要我們發願，一定要在某一個時段完成什麼。很多人都曾發願，願自己這一生之中能完成什麼。但是願是要去實踐，否則就會變成空願。不過自己發的願通常做起來會比較有動力，只要一開始動，你的願心就可以慢慢地完成。如果不發願的話，大概連自己要做什麼？往哪個方向？做到什麼程度？都不知道。因此，我常勸人要發願，因為發願之後你就一定要做，你也一定

會去做，而會努力去完成這個願心。

　　其實，只要能了解「生命無常、人身可貴」，就能克服喜歡拖延或懶惰的心態。因為生命是無常的，人隨時都可能死。但是我們人身是可貴的，失去了這個身體之後，就再也沒有辦法用我們的身體來完成工作了。所以，在我們還沒有失去人的生命之前，就要好好地運用這個無價的生命，來做無限的貢獻。這樣的話，就能夠激發一個人上進的心並驅除懈怠的心，否則得過且過，認為自己反正就只能這樣過一生，那實在是太可惜了。

　　人身是可貴的，人的生命是很難得的，並且非常短暫，我們要好好地珍惜、運用它，才不枉費這個寶貴的生命。

——

（選自《放下的幸福》）

安　身　禪

職場的
最佳安身之道

「身和同住」，這是最基本的團體生活規約，如果能推展到社團或是職場裡，將可以減少很多人際紛爭，維持和諧。

❀ 每個人的身體都要健康

「身和」可以分為兩個層次，第一個層次是每一個人的身體都要保持健康、和諧快樂，也就是說，我們不論是生活、飲食、起居或作息都要非常正常規律，如此一來，地、水、風、火四大就能調和，不會冷熱不均而生病。身體健康時，與他人相處就能夠心平氣和，也比較不會因

為心理上的衝突而造成生理上的疾病。

　　一般人都不喜歡和生病的人在一起，這是因為他們身體的特殊狀況，很容易對人造成困擾，或讓人感覺不舒服。像是病人會無法負擔自己的工作、無法克盡一己之責，因此連累到其他人，加重他人的負擔；再者，生病的人情緒也特別不穩定，很容易出言不遜，與他人發生口角衝突。因此，如果身體不健康，四大不調，就不容易與他人和諧相處。當然，也有人雖然身體有病，還是能夠與他人和睦相處，這是很有修養的人才做得到。

❀ 人與人之間相處的藝術

　　第二個層次是人與人之間相處的藝術，由於每一個人身體狀況都不同，所以不要因為自己的個別需求，讓其他人受到傷害或受到阻撓。例

如大門只能容納一人的寬度，卻有兩個人要同時進出，總要有一方先退讓。如果都不願意退讓，或者兩個人沒有默契，你趕著進門，他也搶著出門，雙方莽莽撞撞的，難免會撞得鼻青臉腫。

　　所以，在工作場所中，自己該做的事要自己做完，所謂一個蘿蔔一個坑，不需要你做的事，則不必多管閒事，這是非常重要的相處藝術。可是，如果有人害病，或者出了狀況，就應該不吝惜伸出援手，幫助他完成工作；這樣當你有困難時，別人也會幫助你，這就是互通有無，和諧相處──也就是相讓又互助。把握住相讓、互助這兩個原則以後，人我之間就不會產生摩擦，否則，我走的路不准你走，各人占據各人的位子，彼此老死不相往來，這就不是身和同住。

　　所以，團體中的成員應該相互關照通融，一旦發生緊急狀況，就要讓彼此都有活路，這就

是生活互動的關係。當生活互動的關係能夠和諧，就叫作和光同塵，雖然是一個一個不同的存在個體，可是彼此之間非常和諧，沒有衝突。如果能夠實踐身和同住的相處方法，不但夫妻不會吵架，同事之間也不會有衝突，工作便能在融洽的互動氣氛裡圓滿完成。

———
（選自《工作好修行》）

> 禪一下｜
>
> 所謂「安身」，
> 是要懂得珍惜愛護自己的生命，
> 善用自己的身體來成長自己，
> 利益他人，
> 發揮利人利己的最大功能。

40 | 處處是安身立命處

　　我這個和尚，從來沒有學過管理，不會管
人、不會管事，所以，我處處碰壁，常常弄得跌
跌爬爬。在這種情形下，我只有唯一的法寶，放
低身段，求助於一切人。我一生都在求人，不是
為己求，不是讓人求。人家覺得我做錯了，我承
認錯誤；我希望大家來幫忙，共同完成大家所需
要的事，如果完成了什麼事，我不會說是我的能
力，而是大家的努力，是大家一起促成的。所
以，一切功德歸於大家。

　　有許多人失敗的原因是沒有方向感，只要
能把握方向、原則，就不會浪費太多的時間，只

要有方向，當面對問題時，就能夠知道該怎麼解決、怎麼處理。

❀ 有方向感才不浪費生命

我常說，我沒有自己一定要做的事，沒有一定不想做的事，但我的方向是：我是一個和尚，不能離開和尚的立場，和尚能做的事、該做的事，就是方向感，方向一旦偏差，就會失去我自己生命的意義。

有一段時間，人家請我去教書，但我覺得做和尚比教書好，我是教了書，但只教佛學。我是文學博士，但我只教佛學，不然的話，我就變成不務正業了。

❀ 別到老仍一事無成

沒有方向感是最麻煩的事。有些人不知道

該向東？向西？向南？向北？有些人覺得東南西北方都可以去，從那個方向走，都能夠發揮他的長才。像這種人是很麻煩的，到了年紀老大，可能一事無成；也可能替人家做的時候，做得很好，替自己做的時候，就提不起又放不下了。因為替人家做的時候，人家有方向感，向一個不變的方向在運作，你參加人家時，幫助人家朝著特定的一個方向前進；自己走的時候，就失去方向感，那就隨時隨地可能出狀況了。

怎麼決定自己該往那個方向？所有的方向都靠自己判斷，你的體能、智能、技能、興趣，還有社會環境等，都要配合得起來。所謂天時、地利、人和，還有佛家相信福報，沒有福的人，先要惜福、種福、培福。

（選自《聖嚴法師心靈環保》）

法鼓山禪修資訊

法鼓山禪修中心簡介：

　　禪修中心為法鼓山推廣漢傳禪法的主要單位，宗旨在於推廣禪法，以達到淨化人心、淨化社會的目的，將各類禪修課程推廣至海內外各地。除將禪修活動系統化、層次化，並研發各式適合現代人的禪修課程，讓更多人藉由禪修，來達到放鬆身心、提昇人品的目的。

　　除定期舉辦精進禪修活動，包括初階、中階，及話頭、默照等禪修，開辦禪修指引課程、初級禪訓密集課程、推廣立姿與坐姿動禪、「Fun 鬆一日禪」，並培養動禪講師等，期能擴

大與社會大眾分享禪悅法喜。

想要開始學習禪修者，可以先參加法鼓山各地分院與精舍所舉辦的「禪修指引」或「初級禪訓班」，然後再參加為期一天、兩天或三天的「禪一」、「禪二」、「禪三」活動。如果希望能穩定長期學習禪法，可以參加「禪坐共修」。在具有禪修基礎後，再進階參加為期七天的禪七活動。

如果想要了解更多的法鼓山禪修訊息，可以電話詢問法鼓山禪修中心，或上網查詢，網頁提供完整的最新禪修活動。初學禪修者可挑選離家近的法鼓山分院或精舍，就近參加禪修課程。

禪修中心推廣部門 —— 傳燈院

地　　址：新北市三峽區介壽路二段 138 巷 168 號
電　　話：（02）8676-2518 轉 2108 ～ 2112
　　　　　（請於週一至週五上午九點至下午五點三十分來電）
網　　址：http://chan.ddm.org.tw
部落格：http://blog.yam.com/chanfaq
臉　　書：https://www.facebook.com/DDMCHAN

禪修 FOLLOW ME 4

安身禪——上班族40則安身立命指引

Chan for A Peaceful Body:
40 techniques for a peaceful body for office workers

著者	聖嚴法師
選編	法鼓文化編輯部
出版	法鼓文化
總監	釋果賢
總編輯	陳重光
編輯	張晴
美術設計	化外設計有限公司
封面繪圖	江長芳
內頁美編	小工
地址	臺北市北投區公館路186號5樓
電話	(02)2893-4646
傳真	(02)2896-0731
網址	http://www.ddc.com.tw
E-mail	market@ddc.com.tw
讀者服務專線	(02)2896-1600
初版一刷	2013年10月
初版四刷	2022年12月
建議售價	新臺幣150元
郵撥帳號	50013371
戶名	財團法人法鼓山文教基金會—法鼓文化
北美經銷處	紐約東初禪寺
	Chan Meditation Center (New York, USA)
	Tel: (718)592-6593　E-mail:chancenter@gmail.com

法鼓文化

國家圖書館出版品預行編目資料

安身禪:上班族40則安身立命指引 / 聖嚴法師著;
法鼓文化編輯部選編. -- 初版. -- 臺北市:
法鼓文化, 2013. 10
面; 公分
ISBN 978-957-598-627-8 (平裝)

1.佛教修持 2.職場成功法

225.87　　　　　　　　　　　　102018293